W0325030

KU… ALLENGE.

Wer es schafft, der oder
dem anderen zuerst
99 Küsse
zu stibitzen,
hat gewonnen.
PS: Nicht vergessen,
eine Liste zu führen!

Macht einen Ausflug mit dem Fahrrad.

Aber nicht mit
irgendeinem Fahrrad:

Mietet euch ein Tandem!

Schreibt eure

EIGENE BUCKETLIST.

Welche verrückten Dinge möchtet ihr noch gemeinsam ausprobieren? Welche Länder möchtet ihr bereisen? Welche gemeinsamen Ziele habt ihr? Schreibt alles auf, und dann macht euch direkt an die Planung, wie ihr **all eure Träume** in die Realität umsetzen könnt.

Plant eine total

VERRÜCKTE WELTREISE, ...

... die ihr dann pünktlich
zum Ruhestand antreten könnt.
Vielleicht plant ihr sie auch so,
dass das vorher klappt?

Schaut
EINEN FILM IM
FREILUFTKINO AN.

BASTELT EIN FOTOALBUM.

Erzählt eure Liebesgeschichte in Bildern oder haltet eure Lieblingsurlaube fest. Beim Auswählen der Bilder kommen sicher einige eurer schönsten Erinnerungen zum Vorschein.

EINE HERRLICHE IDEE FÜR EINEN VERREGNETEN ABEND.

Lasst mal
WIEDER BLUMEN
sprechen.

BASTELT EINE ZEITKAPSEL.

Von der Vergangenheit zur Zukunft! Füllt eine kleine Kiste mit Fotos, Briefen und Erinnerungen, die euch etwas bedeuten. Versteckt oder vergrabt sie an einem Ort, an dem nur ihr sie finden könnt. In fünf oder zehn oder fünfzig Jahren könnt ihr sie wieder öffnen. Sicher werdet ihr erstaunt sein, wie sehr ihr euch verändert habt – und gleichzeitig wie wenig.

Macht eine Reise in die Vergangenheit

und stöbert zusammen in euren alten Fotoalben. Kramt eure ältesten Fotos hervor und wundert euch gemeinsam über eure Outfits und Frisuren. Ab wann taucht ihr gegenseitig auf den Bildern der oder des anderen auf?

Ihr müsst kein Haus bauen und
auch keinen Sohn zeugen (dürft ihr aber
natürlich), aber ihr solltet zusammen
EINEN BAUM PFLANZEN.

Könnt ihr einander

»BLIND« VERTRAUEN?

Findet es heraus und führt euch gegenseitig mit verbundenen Augen durch die Natur.

Tretet mal auf

DIE BREMSE.

Weicht heute mal von eurem ursprünglichen Tagesplan ab und schaltet ganz bewusst einen Gang herunter, um euch stattdessen

gegenseitig eure Zeit zu schenken.

(VER)TEILT
eure Liebe.

Welch ein Glück,
dass ihr einander habt!
Damit auch der Rest der Welt
ein bisschen Liebe abbekommt,
solltet ihr sie verteilen.
Schreibt Liebesgedichte und
werft sie in fremde Briefkästen
oder versteckt sie in Büchern
einer Bibliothek.

STÜRMT ZUSAMMEN EINEN GIPFEL.

(Zur Not auch einfach nur den Hügel hinter dem Haus.)

Rettet zusammen DIE WELT.

♡

Engagiert euch
gemeinsam ehrenamtlich,
geht zum Blutspenden,
führt einen Hund aus dem
Tierheim aus oder helft
dem älteren Herrn von
nebenan bei den Einkäufen.

GEMEINSAM SEID
IHR UNSCHLAGBAR!

Tanzt zu
EUREM LIED.

SPIELT AMOR ...

... und verkuppelt zwei
eurer Single-Freundinnen
oder -Freunde.
Wenn etwas daraus wird:
Besteht darauf, dass sie
ihre Kinder oder gemeinsamen
Haustiere nach euch benennen!
Ehre, wem Ehre gebührt!

Löst ein Puzzle.

So übt ihr euch in Geduld und Teamwork und entdeckt vielleicht ganz nebenbei noch ein gemeinsames Hobby.

VERKLEIDET EUCH
in zusammenpassenden
Kostümen.

STARTET EIN Liebes-Notizbuch.

Zugegeben, diese Idee klingt vielleicht etwas seltsam, ist aber schön. Legt ein Notizbuch an einen Ort, an dem ihr beide es immer sehen könnt, etwa in die Küche, und schreibt euch kleine Nachrichten hinein. »Du hast die schönsten grünen Augen der Welt« zum Beispiel. Oder: »Danke, dass du gestern Abend noch Klopapier kaufen warst.« Keine Beziehung ist perfekt, aber wenn ihr mal ein kleines Tief habt, könnt ihr darin stöbern und erkennen, wie gut ihr doch eigentlich zusammenpasst.

VERMISST EUCH GANZ SCHRECKLICH.

Ein bisschen Zeit getrennt zu verbringen tut manchmal richtig gut. **Wie heißt es so schön:** »Die Liebe wächst mit der Entfernung!« Organisiert ein getrenntes Wochenende mit euren besten Freundinnen und Freunden und dann fallt euch Sonntagabend wieder überglücklich in die Arme.

Schenkt einander ein offenes Ohr.

Lasst die andere oder den anderen reden und hört einfach nur aufmerksam zu. **Es tut gut, erzählen zu dürfen** – und zuzuhören, ohne gleich Antworten oder Lösungen parat haben zu müssen.

Bringt ein
Liebesschloss
an.

MACHT EIN DESSERT-ABENDESSEN.

Das Leben ist zu kurz, darum esst den Nachtisch zuerst! Gönnt euch ein Abendessen, das aus lauter süßen Leckereien besteht. Macarons als Vorspeise, Crema catalana als Hauptgang und zum Nachtisch Minimuffins!

Umarmt ♡ das Glück!

Wie schön, dass ihr beide euch gefunden habt! Das solltet ihr jeden Tag feiern und genießen. Nehmt euch fest in den Arm und drückt euch ganz lang ... Wie schön und wichtig es doch ist, **seinen Lieblingsmenschen** einfach mal nur zu spüren.

Macht ein ROMANTISCHES PICKNICK.

Fahrt
spontan
ans Meer.

Holt ein bisschen HYGGE in euer Leben.

Hygge ist eine Lebensphilosophie aus Dänemark. Direkt übersetzen lässt sich dieses niedliche Wort zwar nicht, es bedeutet aber in etwa: Gemütlichkeit. Macht es euch also zusammen mal wieder so richtig hyggelig – mit heißer Schokolade, einem Kaminfeuer, dicken Wollsocken und vor allem: einander. So lassen sich klirrend kalte Wintertage auch gleich viel besser aushalten.

Bringt eure Gefühle zu Papier und versteckt euch gegenseitig KLEINE LIEBESBOTSCHAFTEN, zum Beispiel in der Laptoptasche oder im Portemonnaie.

FEIERT SPONTAN

ABSOLUT GAR NICHTS.

Ein besonders nerviger Mittwoch ist überstanden, das stressige Projekt in der Arbeit ist geschafft oder die lauten Nachbarn von oben ziehen endlich aus? Findet einen Anlass, denn man muss die Feste feiern, wie sie fallen.

HOCH DIE TASSEN!

Besucht

einen Jahrmarkt

und gewinnt ein Stofftier
für euren Lieblingsmenschen.

SCHMEISST DAS *perfekte Dinner.*

Ladet eure Freundinnen
und Freunde zu einer schicken
Dinnerparty ein. Bereitet ein tolles
3-Gänge-Menü vor, tischt euer
schönstes Porzellan auf und werft
euch so richtig in Schale.

Hebt ab –
MIT EINEM
HEISSLUFTBALLON.

MIETET EINE VESPA ...

... und düst über die Landstraßen und durch die kleinen Gassen der Stadt. Tut für eine Weile so, als wärt ihr in Italien. Und wer fühlt sich nicht wie frisch verliebt, wenn er in Bella Italia ist? Bei dieser Gelegenheit könnt ihr euch auch ganz eng an die oder den anderen schmiegen, ohne dass es kitschig wirkt.

VERSUCHT
EUCH AN
Paar-
Yoga.

STARTET EINE NEUE TRADITION.

Verbringt Silvester immer an einem anderen Ort, schenkt euch abwechselnd Blumen am ersten Montag im Monat, geht am Weihnachtstag gemütlich brunchen oder schnitzt jedes Jahr zusammen einen Halloween-Kürbis.

Schweigt EUCH AN.

Natürlich nicht aus Wut.
Sondern einfach nur so.
Wie schön ist es doch, jemanden zu haben,
mit dem man einfach nur dasitzen und schweigen kann.

Testet das Hobby DES ANDEREN.

Pilates, Skateboard fahren, Panflöte spielen oder Akt zeichnen? Versucht euch einmal an der Leidenschaft **eures Lieblingsmenschen** und findet heraus, was ihn oder sie so daran fasziniert.

Legt einen *Action-Tag* ein.

Stand-up-Paddeln, Kajakfahren, einen Klettergarten oder Escape Room besuchen – es ist Zeit für ein wenig Abwechslung und Abenteuer!

LASST EURER FANTASIE *freien Lauf.*

Streitet euch in einer Fantasiesprache! Besucht ein Museum und denkt euch verrückte Geschichten für die Menschen in den Gemälden aus. Geht in den Tierpark und überlegt euch Gründe, warum die Tiere »hinter Gittern« gelandet sind.

Verbringt

EINE NACHT UNTER DEN STERNEN

und haltet Ausschau
nach Sternschnuppen.

BAUT EUCH EIN NEST.

Hach, wie schön ist doch die Welt! Ein klitzekleines bisschen schöner ist nur ein gemütliches Zuhause. Ein Ort, an dem ihr euch vor dem Rest der Welt verstecken könnt. Zieht zusammen und schafft euch ein kuscheliges Nest. Vielleicht habt ihr aber auch schon lange eine Wohnung oder sogar ein eigenes Haus. Dann ist es möglicherweise an der Zeit, es noch gemütlicher zu machen. Streicht eine Wand, rahmt ein paar neue Lieblingsbilder oder kauft neue Kissen.

Esst euch einmal rund um die Welt und testet euch durch eine ganze Liste an internationalen Köstlichkeiten. Spanische Paella, Falafel aus dem Nahen Osten oder isländischer Gammelhai? Schickt eure Geschmacksnerven

EINMAL UM DIE WELT.

Und das Beste: Ihr müsst dazu nicht mal das Land verlassen.

Fahrt in die ♡ **Stadt der Liebe.**

Paris ist einfach immer eine gute Idee. Küsst euch während einer Bootsfahrt auf der Seine unter jeder Brücke, bestaunt die glitzernden Lichter des Eiffelturms und esst Eclairs auf dem Montmartre.

SPIELT EINE FILMSZENE NACH.

Ihr müsst euch nicht gleich klitschnass in die Luft werfen wie in »Dirty Dancing«. Aber wie wäre es mit einer Szene aus »Titanic« bei eurer nächsten Fahrt über den Baggersee? Hoffentlich entdeckt euch dabei nicht zufällig ein Talentscout! Sonst müsst ihr noch nach Los Angeles umsiedeln …

Erzählt euch
EIN GEHEIMNIS!

Gibt es ein (süßes) Geheimnis,
das ihr eurem Lieblingsmenschen
schon seit langer Zeit mal
anvertrauen wolltet?
Traut euch – vielleicht ist ja
heute der richtige Augenblick,
um noch ein bisschen
mehr von euch preiszugeben.

Leert eine Flasche Wein
auf einem Hausdach.

Schmuggelt euch AUF EINE FREMDE PARTY.

Eure neuen Nachbarinnen feiern ihren Einzug? Um die Ecke steigt die Hochzeitsfete des Jahrhunderts und ihr seid nicht eingeladen? Kein Problem! Vielleicht ist es moralisch ein bisschen verwerflich, aber das könnt ihr ja wiedergutmachen, indem ihr so richtig Leben in die Bude bringt!

10 DINGE,
die ich an dir liebe

Schreibt einander eine Liste
mit den Dingen, die ihr
am meisten an der oder
dem anderen liebt.
Und denkt dran:
Keine Sache ist zu klein,
um liebenswert zu sein.

Verbringt
ein romantisches
Winterwochenende
in einer einsamen Hütte.

Macht einen

SERIENMARATHON.

Sagt alle Termine ab, macht euch eine riesige Schüssel Popcorn, kuschelt euch zusammen unter die Decke und taucht ab in eine ganz andere Welt. Am besten entscheidet ihr abwechselnd, welche Serie als Nächstes dran ist.

BESUCHT EIN FESTIVAL
UND feiert
das Leben.

LERNT EINE FREMDSPRACHE.

Zusammen ist es doch gleich viel einfacher, Koreanisch oder Rumänisch zu lernen! Oder soll es ganz besonders romantisch sein? Dann wäre natürlich Italienisch oder Französisch eine gute Wahl.

loveyou

Übernachtet in einem Luxushotel.

MACHT EIN LAGERFEUER

und erzählt euch Gruselgeschichten, röstet Marshmallows und kuschelt euch zusammen unter eine dicke Wolldecke.

NEHMT EUCH *eine Auszeit.*

Ganz egal, ob ein gemeinsames Frühstück an einem Dienstagmorgen oder ein Wochenende in den Bergen. Ab und an solltet ihr euch Zeit nehmen und eine Weile verschwinden. **Zum Durchatmen. Und Reden.** Und einfach zum Zusammensein. Ganz ohne Ablenkungen.

Lasst die Schmetterlinge
im Bauch tanzen!

**Küsst euch
wie Teenager**

in der hintersten Reihe im Kino
und verpasst währenddessen
den ganzen Film.

Seid mutig und wagt euch zusammen aufs Eis zum Schlittschuhlaufen.

Packt die Schlittschuhe ein oder leiht euch welche aus und dreht Hand in Hand elegant eure Runden.

Macht einen
SPIELEABEND.

ADOPTIERT EIN TIER AUS DEM TIERHEIM.

Bevor ihr euch allerdings einen
Hund oder eine Katze anschafft,
wäre es vielleicht sinnvoll,
mit etwas Kleinerem zu starten.
Einem Hamster zum Beispiel.
Oder einem Goldfisch.
Oder doch lieber
einer Zimmerpflanze?

Seht euch
DIE WELT
an und bereist
zusammen
jeden Kontinent.

GEHT ZUR PAARMASSAGE.

Eine so perfekte Beziehung zu führen wie ihr beiden, kann ganz schön anstrengend sein! Da habt ihr euch eine Paarmassage wahrlich verdient. Augen zu und genießen!

Haaaach.

Erlebt **ein Abenteuer** vor der Haustür.

Wir bereisen die ganze Welt und vergessen dabei oft das Schöne, das direkt vor unserer Nase liegt. Zeit also, um einmal Tourist:in vor der eigenen Haustür zu spielen. Packt die Kamera ein, werft euch in eure schönsten Socken und Sandalen und macht euch auf zu einem kleinen Abenteuer. Ganz egal, ob Streichelzoo oder Museum – jede Stadt und jede Region hat kleine Perlen zu bieten. Ihr müsst sie nur finden.

Gönnt euch ein Frühstück
im Bett.

GEHT ZUM
KARAOKE-
SINGEN.

Spielt
BULLSHIT-BINGO

auf einer Familienfeier.
Tante Marie trinkt mal wieder einen über den Durst? Bingo! Von Onkel Harrys Tanzeinlagen sind alle peinlich berührt? Bingo! Wer zuerst alle Bingo-Felder abgehakt hat, darf frühzeitig das Fest verlassen. Oder na ja – sich ein weiteres Glas Wein genehmigen.

TRAUT EUCH
UND GEHT
NACKT BADEN!

Verleiht den Montagen Magie.

Schon wieder liegt eine neue hektische Woche vor euch? Eine wunderbare Idee, um ein bisschen schöner in jede neue Woche zu starten und endlich mehr Zeit miteinander zu verbringen, sind »Montagsdates«. Plant für jeden Montag ein kleines Date – egal, ob ein Eisessen auf dem Balkon, ein Besuch im Kino oder eine Fahrradtour durch den Park.

So habt ihr jede Woche einen Grund, euch auf den Montag zu freuen.

Lest gleichzeitig das

gleiche Buch

und tauscht euch dazu aus.
Und damit es keinen Streit gibt:
Lest nacheinander
zwei Bücher und jede:r
darf eines aussuchen.

LEST einander VOR.

Beobachtet einen Sonnenaufgang.

Vielleicht wird die wahre Herausforderung, einander wach zu bekommen, bevor die Sonne aufgeht. Aber Sonnenaufgänge sind mindestens so romantisch wie Sonnenuntergänge. Natürlich bietet sich diese Aktivität vor allem im Urlaub an – wer möchte nicht den Sonnenaufgang über New York oder Machu Picchu bestaunen? Aber auch auf dem eigenen Balkon ist die Welt nicht weniger schön, zumindest wenn

IHR ZUSAMMEN SEID.

BESUCHT GEMEINSAM EINEN KOCHKURS

und lernt, wie man Sushi macht, das am Ende auch wirklich nach Sushi aussieht. Werft einen Blick in die orientalische oder lernt zusammen die französische Küche kennen. Aber ohne Froschschenkel, bitte.

→ Macht ein ← professionelles Fotoshooting.

Ein bisschen Kitsch muss manchmal einfach sein! Bucht eine Fotosession bei einer Fotografin oder einem Fotografen und lasst euch ins beste Licht rücken. In zwanzig Jahren werdet ihr sicher **unglaublichen Spaß** an diesen Bildern haben.

GEHT IM
NIRGENDWO
CAMPEN.

Verbringt einen Tag analog.

Seid ehrlich – wie oft habt ihr eure Smartphones in der Hand, sitzt am Laptop oder vor dem Fernseher? Vermutlich zu oft, wie wir alle. Versucht deshalb einmal etwas völlig Verrücktes und verbringt einen ganzen Tag analog. Ja, das bedeutet: keine digitalen Geräte. Dafür könnt ihr mal wieder Brettspiele spielen, ein Buch lesen, euch tiefgründig unterhalten oder den Balkon neu bepflanzen.

Verkürzt euch die Wartezeit
auf Weihnachten und überrascht
euch gegenseitig mit einem

ADVENTSKALENDER.

Man ist niemals zu alt für
einen Adventskalender!
Schon gar nicht, wenn er
von dem oder der Liebsten
stammt.

Nehmt an einer Weinwanderung teil.

Durch die malerischen Weinberge schlendern, ab und zu anhalten, ein Gläschen trinken und etwas schlemmen – wie herrlich! An vielen Orten landesweit werden Weinwanderungen angeboten. Besonders schön lässt es sich im Herbst wandern, wenn die Weinreben in leuchtenden Farben erstrahlen.

Legt einen WELLNESSTAG ein.

Lasst allen Alltagsstress für eine
Weile hinter euch und genießt
einfach die Zweisamkeit.

Gebt eine Zeitungsannonce füreinander auf:

»Danke, dass du mir jeden Morgen Toast machst.« Oder: »Mit dir klingt ›Für immer‹ plötzlich ziemlich romantisch.«

Ihr könnt entweder abwarten, bis die oder der andere sie entdeckt, oder kleine Hinweise geben, damit eure Liebesbekundung nicht übersehen wird.

love

Küsst euch im
STRÖMENDEN REGEN.

SCHICKT EUCH → GEGENSEITIG AUF SCHATZSUCHE.

Packt und versteckt eine
kleine Kiste voller Süßigkeiten,
hinterlasst Hinweise an Orten,
die ihr beide gut kennt,
und schickt die andere oder
den anderen auf eine
kleine Schatzsuche!

♥

Nehmt an einem Pubquiz teil.

Ladet ein paar
eurer Freundinnen und
Freunde ein, bildet ein Team
und dann stellt euer
geballtes Wissen unter Beweis.

Schickt
EINE FLASCHENPOST
auf die Reise.

Schreibt einander einen Liebesbrief.

Leider kann man WhatsApp-Nachrichten nur schlecht aufbewahren. Wie schade wäre es, würden eure Worte für immer verloren gehen. Deshalb schreibt euch doch mal gegenseitig einen Liebesbrief. Ja, mit einem echten Stift, auf richtigem Briefpapier und per Hand.

Geht bei
MONDSCHEIN
am Strand
spazieren.

Verführt einander ...
mit einem Lied!

Musik drückt bekanntermaßen vieles aus, was uns schwerfällt auszusprechen. Deshalb bekundet doch mal eure Gefühle in Liedform. Na, wer traut sich? Es muss auch nicht öffentlich sein. Ihr könnt einander auch unter der Dusche wunderbar etwas vorsingen.

FINDET EIN *neues* LIEBLINGSRESTAURANT.

Das ist doch mal eine tolle Ausrede, um sich durch sämtliche Restaurants der Stadt zu futtern. So gemütlich der Lieblingsitaliener um die Ecke auch ist – ab und an sollte man aus seiner Komfortzone ausbrechen, **um etwas ganz Neues zu entdecken.**

Lest gegenseitig

EUER LIEBLINGSBUCH.

Zugegeben, das könnte eine Herausforderung werden. Vor allem, wenn eine:r von euch großer Liebesroman-Fan ist und der oder die andere am liebsten Zombie-Comics liest. Aber vielleicht entdeckt ihr so neue Lieblingsgenres?

Zeltet im Garten, ...

... im Wohnzimmer oder auf eurem Balkon. Einfach ein Zelt aufschlagen oder ein paar Matratzen ausbreiten.

Fertig ist das Abenteuerurlaubs-Feeling daheim!

ERLEBT EIN ABENTEUER!

Steigt an einer unbekannten S-Bahn-Station aus, fliegt in den indonesischen Dschungel oder testet Paragliding. Die Möglichkeiten sind unendlich. Ganz egal, ob groß oder klein: Abenteuer schweißen zusammen und werden zu den weltallerbesten Erinnerungen.

Schwingt
DAS TANZBEIN!

Findet heraus, ob ihr auch auf
dem Parkett zusammen eine
tolle Figur macht und meldet
euch zu einem Tanzkurs an.
Und falls nicht:
Macht euch nichts draus.
Hauptsache, ihr tanzt weiter
Seite an Seite durchs Leben.

Fordert einander
zu einer
Mutprobe
heraus.

Veranstaltet eine
KOCH-CHALLENGE
und findet so heraus:
Wer kocht besser?

Reist zu den Sternen.

Das ist (leider) nur metaphorisch gemeint. Nichtsdestotrotz ist es herrlich romantisch, im Planetarium gemeinsam die Weiten des Kosmos zu erkunden. **Lasst euch verzaubern vom Blick auf Sterne und Planeten.** Wie wundervoll ist es, dass ihr euch in unserem unendlichen Universum gefunden habt!

Macht einander
EIN MIXTAPE.

Was sind die Lieder eurer Liebe? Holt den alten Kassettenrekorder vom Dachboden oder entscheidet euch für die moderne Variante und stellt eine digitale Playlist zusammen mit all den Liedern, die ihr mit eurer Beziehung oder eurem Lieblingsmenschen verbindet – **und dann schenkt einander ein bisschen Musik.**

HALTET EURE LIEBE FEST

und macht Pärchen-Fotos
in einem Fotoautomaten oder
mit einer Sofortbildkamera.

**Einfach ganz
spontan und so,
wie ihr seid.**

Verbringt eine Nacht an einem ungewöhnlichen Ort.

Wie wäre es mit
einer schaurigen Übernachtung
in einem Gruselhaus oder, wenn
es etwas romantischer sein darf,
in einem alten Leuchtturm?
Übernachten kann man an den
ungewöhnlichsten Orten der Welt –
vom Iglu in Finnland bis zum Baumhaus
im Weserbergland sind eurer Fantasie
keine Grenzen gesetzt.

Haltet Ausschau nach der Liebe!

Fahrt zum nächstgelegenen Flughafen, mit Kaffee und Snacks im Gepäck, macht es euch gemütlich und beobachtet, wie Paare, Familien, Freundinnen und Freunde sich nach langen und kurzen Reisen endlich wieder in die Arme fallen.

Hach, ist Liebe nicht schön?

Fahrt mit einem
Riesenrad und

küsst euch

auf dem
höchsten Punkt.

BESUCHT **DEN ORT,** AN DEM ALLES ANFING!

Na, wo begann sie,
die schönste, romantischste, größte Liebesgeschichte aller Zeiten? Fahrt zurück an den Ort, an dem ihr euch kennengelernt habt. Egal, ob es der Spielplatz in eurem Heimatdorf ist, der Vorlesungssaal eurer alten Uni oder der Ort eures ersten Dates. **Reist gemeinsam zurück in die Vergangenheit.**

© 2022 arsEdition GmbH
Friedrichstr. 9, D-80801 München
Alle Rechte vorbehalten

Gestaltung Cover: Grafisches Atelier, arsEdition GmbH
Gestaltung Innenteil: Christin Bussemas Ampersand loves

Bildnachweise: Cover, Vignetten auch im Innenteil: www.shutterstock.com: Guaxinim; Qualit Design; Mozaic Studio; Molesko Studio; Motive Innen: www.shutterstock.com: iarecotton-studio; Vitalii Nesterchuk; Zamurovic Brothers; Kryvenok Anastasiia; BLUR LIFE 1975; lavendertime; Laura Battiato; Annette Shaff; Paul Daniels; Alena Ozerova; aprilante; Unsplash: Karen Sewell; Georg Krause; Mehdi MeSSrro; Katelyn Warner; Tim Patch; BRUNO EMMA-NUELLE; Maddi Bazzocco; Eugene Chystiakov; Joshua Newton; Anna Bratiychuk; Adrien; Sebastian Rück; Andreas Dress; Yuya Murakami; Bekir Dönmez; Sigmund; Alexander Kaufmann; peter bucks; Corina Rainer; Getty Images / RuthBlack; Getty Images / ginosphotos; Getty Images / Maria Efremova; Getty Images / boonsom; Getty Images / oracul; Getty Images / cranach; Hintergründe / Vignetten: Anna_Sokol; arigato; Happiest Sima; Nikolaeva; GoodStudio; Ri team

ISBN 978-3-8458-5277-5
www.arsedition.de

FSC www.fsc.org
MIX
Papier aus verantwortungsvollen Quellen
FSC® C020056

Die Liebe

MUSS MAN FEIERN!

Applaus, Applaus, Tusch und Konfettiregen, denn ihr zwei seid einfach etwas ganz Besonderes! Damit es auch in Zukunft nie langweilig für euch wird, findet ihr hier **99 herrlich verrückte Ideen,** die ihr gemeinsam ausprobieren solltet. Manche sind romantisch, manche abenteuerlich – aber alle werden sie euch viel Spaß und wunderschöne Erinnerungen bescheren. Zieht zusammen ein Kärtchen – für ein bisschen weniger Alltag und ein **bisschen mehr Herzklopfen.**